安全生产“谨”上添花图文知识系列手册

火灾扑救与火场逃生宣传教育手册

东方文慧　中国安全生产科学研究院　编

中国劳动社会保障出版社

图书在版编目(CIP)数据

火灾扑救与火场逃生宣传教育手册/东方文慧，中国安全生产科学研究院编．—北京：中国劳动社会保障出版社，2013
安全生产“谨”上添花图文知识系列手册
ISBN 978-7-5167-0353-3

Ⅰ．①火…　Ⅱ．①东…②中…　Ⅲ．①灭火-安全教育-手册
Ⅳ．①TU998.1-62

中国版本图书馆 CIP 数据核字(2013)第 083018 号

中国劳动社会保障出版社出版发行
(北京市惠新东街 1 号　邮政编码:100029)
出 版 人:张梦欣

*

北京市白帆印务有限公司印刷装订　新华书店经销
880 毫米×1230 毫米　32 开本　2.375 印张　49 千字
2013 年 4 月第 1 版　　2022 年 10 月第 12 次印刷
定价: 20.00 元

读者服务部电话:(010)64929211/84209101/64921644
营销中心电话:(010)64962347
出版社网址: http: //www. class. com. cn

编委会名单

序

生产经营单位发生的大量事故，促使人们探求事故发生的原因及规律，建立事故发生的模型，以指导事故的预防，减少或避免事故的发生，于是就有了事故致因理论。

各种事故致因理论几乎都有一个共识：人的不安全行为与物的不安全状态是事故的直接原因。无知者无畏，不知道危险是最大的危险。人为失误、违章操作是安全生产的大敌。有资料表明，工矿企业 80% 以上的事故是由于违章引起的。因此，即使在现有的设备设施状况、作业环境、管理水平下，如果大幅度减少违章，安全生产状况也会有显著改善。

作业人员的遵章守纪，是安全生产的重要前提之一，其重要性不言而喻。企业员工要具备与自己的工作岗位相适应的生理、心理与行为条件，要具有熟练的操作技能，还应具备故障监测与排除、事故辨识与应急操作、事故应急救援等技能。这就是打造所谓“本质安全人”的基本要求，这也是企业面临的重要而艰巨的任务。

多年来，东方文慧为“本质安全人”奉献了大量优秀的安全文化产品。新年伊始，又策划出版了“安全生产‘谨’上添花图文知识系列手册”，这是一件十分有意义的事情。通过安全生产知识的学习，对提高广大员工的安全素质将会起到重要作用。

系列手册包括了《安全生产基础知识宣传教育手册》《作业现场安全知识宣传教育手册》《消防安全知识宣传教育手册》《全民公共安全知识宣传教育手册》《员工安全行为规范宣传教育手册》《道路交通安全知识宣传教育手册》《应急避险安全常识宣传教育手册》《火灾扑救与火场逃生宣传教育手册》《高危作业场所安全防护与职业卫生宣传教育手册》《安全标志认知与应用宣传教育手册》10个分册，内容翔实，图文并茂，通俗易懂，是企事业单位安全生产培训与宣教以及职工自主学习的优秀资源。

我相信，系列手册的出版将会为企业的安全生产增砖添瓦。我愿意将系列手册推荐给广大职工，同时将我的祝福送给各位朋友：平安相随，幸福相伴！

赵云胜

目录

第一章

识别火灾隐患 防止灾害发生

第一节　火灾知识普及

一、火灾的概念及分类

1．火灾的概念

失去控制的燃烧叫火灾。根据可燃物的类型和燃烧特性，火灾分为 A、B、C、D、E、F 六类。

A 类火灾：指固体物质火灾。这种物质通常具有有机物质性质，一般在燃烧时能产生灼热的余烬，如木材、煤、棉、毛、麻、纸张等火灾。

B 类火灾：指液体或可熔化的固体物质火灾，如煤油、柴油、原油，甲醇、乙醇、沥青、石蜡等火灾。

C 类火灾：指气体火灾，如煤气、天然气、甲烷、乙烷、丙烷、氢气等火灾。

D类火灾：指金属火灾，如钾、钠、镁、铝镁合金等火灾。

E类火灾：带电火灾，即物体带电燃烧的火灾。

F类火灾：烹饪器具内的烹饪物火灾，如动植物油脂火灾。

2. 火灾的分级

公安部下发的《关于调整火灾等级标准的通知》，将火灾等级分为特别重大火灾、重大火灾、较大火灾和一般火灾四个等级。

特别重大火灾是指造成30人以上死亡，或者100人以上重伤，或者1亿元以上直接财产损失的火灾；重大火灾是指造成10人以上30人以下死亡，或者50人以上100人以下重伤，或者5 000万元以上1亿元以下直接财产损失的火灾；较大火灾是指造成3人以上10人以下死亡，或者10人以上50人以下重伤，或者1 000万元以上5 000万元以下直接财产损失的火灾；一般火灾是指造成3人以下死亡，或者10人以下重伤，或者1 000万元以下直接财产损失的火灾。

二、火灾的形成原因

燃烧发生时必须同时具备以下3个条件：

（1）有可燃物质。能够与空气中的氧或其他氧化剂起剧烈化学反应的物质，一般都称为可燃物质。如木材、纸张、汽油、酒精、氢气、钠、镁等。

（2）有助燃物质。能和可燃物发生反应并引起燃烧的物质称为助燃物质，如空气、氧、氯、过氧化钠等。

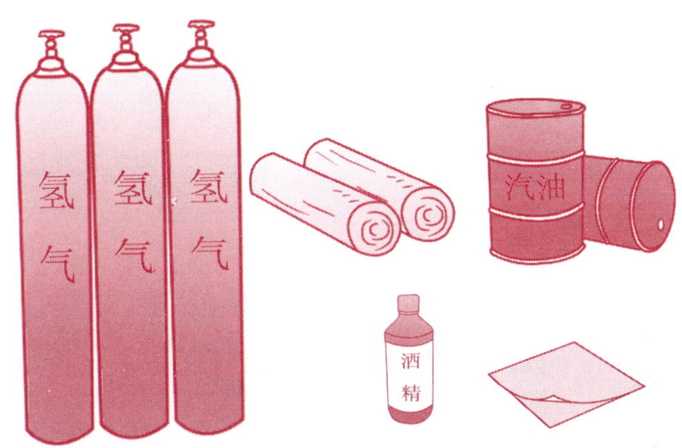

（3）有火源。能引起可燃物质燃烧的热能源，叫做火源。如明火、炽热体、火星、聚焦的日光、机械热、雷电、静电、电火花等。

只有同时具备了以上 3 个燃烧所必需的条件，可燃物质才能发生燃烧。但是，在某些条件下，除具备燃烧的三要素外，还要具备其他的条件：

1）要有足够的可燃物质。若可燃气体或蒸气在空气中的浓度不够，燃烧就不会发生。例如用火柴在常温下去点汽油，能立即燃烧，但若用火柴在常温下去点柴油，却不能燃烧。

2）要有足够的助燃物质。燃烧若没有足够的助燃物，火焰就会逐渐减弱，直至熄灭。如在密闭的狭小空间中点蜡烛，随着氧气的逐渐耗尽火焰会最终熄灭。

3）要让引火源达到一定的温度，并具有足够的热量。如火星落到棉花上，很容易着火，而落在木材上，则不易起火，就是因为木材燃烧需要的热量较棉花多。白磷在夏天很容易自燃着火，而煤则不然，这是由于白磷燃烧所需要的温度很低（34℃），而煤所需的燃烧温度很高。

三、火灾发生的原因

1．家庭火灾发生的原因

（1）用火不慎。麻痹大意、消防安全意识淡薄，极易引发火灾，例如使用炉火、灯火不慎；在床上吸烟；乱丢未熄灭的火柴、烟头而引发火灾。

（2）用火设备不良。如炉灶、火墙、火坑、烟囱等不符合防火要求，靠近可燃物或因年久失修、裂缝漏火，极易引起可燃物起火。

（3）电器设备安装、使用违反安全管理规定。如电气设备及其安装不符合规格、绝缘不良、超负荷，可能发生电线短路。在

电灯泡上罩纸或其他可燃物，乱接乱拉电线，忘记拉掉电闸或关闭电视机等家用电器等，都容易造成火灾。

（4）小孩玩火。不少火灾是由小孩玩火引起的。如小孩玩火柴、打火机、吸烟、烧纸、在易燃物附近放鞭炮，不仅容易引起火灾，还容易造成伤亡事故。

（5）自燃起火。浸油的棉织物，新割的稻草和谷草，潮湿的锯末、刨花、豆饼、棉籽、煤堆等如通风不良，积热散发不出去，易自燃起火。

（6）爆炸引起的火灾。如某些受压容器、电气设备爆炸，往往造成重特大火灾和人身伤亡事故。

2. 办公室火灾发生的原因

（1）因办公室电器多用插座供电，使用时插接电器过多，造成插座、插头啮合不良发热失火。

（2）使用最方便顺手的某些墙体插座，闲置其他墙体插座，

造成该插座电线加速老化，甚至因电流过载导致火灾。

（3）便携式电器一般体积较小，散热性差，容易产生自燃事故，使用时应远离桌面、台布等可燃物体，并随时查看其工作温度。

（4）让电器长时间待机，容易造成电器损坏或诱发火灾。

（5）下班忘记关闭计算机设备和电器电源开关，未切断室内电源，容易引起火灾。

（6）打印机通过 UPS 电源供电，容易引起火灾。

3．宾馆饭店火灾发生的原因

（1）易燃、可燃材料被大量使用。饭店（酒店）大量的内部装饰材料和陈设用具采用木材、塑料和棉、麻、丝、毛及其他纤维制品和化学合成材料。这些都是有机可燃物质，一旦发生火灾，会燃烧猛烈，蔓延迅速，形成立体燃烧，大面积受灾，损失惨重。

（2）电线短路或电器设备故障引发的电器火灾。一些酒店在

原有的基础上增添了空调、购置了卡拉OK设备，开设了舞厅，有些电器线路安装不规范，但又超负荷使用，就会出现问题。

（3）大量使用易燃液体和可燃气体做燃料。酒精、液化石油气等易燃可燃液体、气体进入酒店，使酒店在防火工作中存在隐患。

（4）随意性吸烟。客人经常在酒店客房、会议室等场所吸烟，极容易发生火灾事故，甚至造成人员伤亡。

（5）建筑结构易产生烟囱效应。现代的饭店（酒店）大多是高层建筑，通风管道纵横交错，延伸到建筑的各个角落。楼梯井、管道井、电梯井、电缆井、垃圾井等竖井林立，如同一座座大烟囱。一旦发生火灾，火焰沿着竖井和通风管道迅速蔓延扩大，危及整个建筑。

（6）缺乏防火常识。在众多的经营者头脑中，效益是最重要的，轻视防火安全的现象仍然存在。有些酒店的服务员甚至连起码的火灾报警和灭火器材使用常识都不懂，出现火情后不知所措，更谈不上救灾灭火。

（7）疏散困难。饭店（酒店）是人员较集中的地方，但流动性很大。一旦发生火灾，往往会出现慌不择路的现象，加之烟雾弥漫且高温有毒，极易使人迷失方向，拥塞在通道上，造成秩序混乱，给疏散工作带来困难，并易造成重大伤亡。

安全妙语“谨”上添花：

学习消防要勤奋　起火原因记心中
日常生活多注意　避免不慎火烧身

第二节　认知火灾隐患

一、火灾隐患的概念

火灾隐患是指违反消防法律、法规，有可能造成火灾危害的隐藏的祸患。包括三个方面的含义：

（1）增加发生火灾的危险性。如违反规定储存、使用、运输化学物品。

（2）一旦发生火灾，会增加对人身和财产的危害。如建筑的分隔，建筑结构的防、排烟设施等的随意改变，违反规定装修，堵塞疏散出口，挪动、圈点消防设施等。

（3）一旦导致火灾，无法及时扑救。如水源缺乏、道路不通，建筑物高度过高等。

二、火灾隐患的具体表现

（1）消防安全布局不合理。消防站、消防供水、消防通讯、消防车道、消防装备等内容的消防规划未纳入城市总体规划，或者虽已纳入城市总体规划，但未组织有关部门实施。公共消防设施、消防装备不足或不适应实际需要，属火灾隐患。

（2）生产、使用易燃易爆危险化学品的工厂厂址，储存和销售危险化学品单位地址，调压站的位置不符合消防安全要求，一旦发生火灾，会影响并殃及附近单位和附近居民安全。

（3）易燃易爆物品未附有燃点、闪点、爆炸极限等数据说明书和消防防爆注意事项，独立包装的易燃易爆危险品未贴附危险品标签，易燃易爆危险品的运输、储存不符合消防安全要求，性能抵触和灭火方法不同的危险品混装、混储以及销售和使用不符合防火要求，销毁易燃易爆危险品不符合消防安全要求，非法携带火种进入易燃易爆危险品场所，或者易燃易爆危险品的运输车辆停放位置不当。

（4）生产工艺流程不合理，超温、超压以及配比浓度接近爆炸浓度极限而无可靠的安全保护措施，随时有可能达到爆炸危险界限易造成着火或爆炸；设备有跑、冒、滴、漏现象，不及时检修而带"病"作业，可能造成火灾危险；生产设备与生产工艺条件不相适应，安全装置或附件没有安装或虽安装但失灵；易燃易爆设备和容器检修前未经严格的清洗和测试，检修的方法和工具选用不当；不符合设备动火检修的有关程序和要求，易造成着火或爆炸。

（5）火源管理不严，在具有火灾危险的场所使用明火作业，或虽因特殊情况需要明火作业，但未按规定办理动火审批手续而作业，或者虽经批准，但作业人员未按消防安全规定操作，未采取相应消防安全措施；在应当有"严禁明火"的区域内无此醒目标志，或虽有但执行不严格，有乱动火的迹象或抽烟现象；或在用火作业场所有易燃物尚未清除，明火源或其他热源靠近可燃结构或其他可燃物等有引起火灾的危险。

（6）电器产品、燃气用具的质量不符合国家或者行业标准；电器产品，燃气用具的安装、使用和线路、管理的设计、敷设不符合有关消防安全技术规定；电气设备、线路、开关严重超负荷，线路老化，保险装置失灵，场所、设备、装置应当安设避雷和防静电装置但未安设，或虽有但已失灵或失效，或保护范围尚有死角，爆炸危险场所的电气线路、开关和电器不防爆或达不到防爆等级要求。

（7）建筑的耐火等级。建筑结构与生产工艺或者物品的火灾危险性质不相适应，建筑的防火间距、防火分区或安全疏散及通风系统等不符合防火规范要求，在防火间距内堆放可燃物、建易燃建筑；疏散通道、安全出口不能保障畅通，或未设置国家规定的消防安全疏散标志，公共场所的室内装修、装饰采用易燃材料或未选用依照《产品质量法》的规定确定的检验机构检验合格的材料；在设有车间或者仓库的建筑物内设置员工集体宿舍。

（8）未按国家有关规定配置消防设施和器材，设置消防安全标志，或者虽有配置，但数量不足或失去功能；消防车道被堵塞，消火栓或水泵开关被重物覆盖或被埋压、圈占影灭火行动，或者未能定期组织检修，不能确保消防设施、器材完好有效。

（9）公共聚集场所未经消防安全检查或检查不合格，擅自使用或者开业；举办具有火灾危险性的大型集会、篝火晚会等群众性活动，主办单位未落实消防安全措施，未制定灭火应急疏散预案，且未经公安消防机构对活动现场进行消防安全检查合格擅自举办活动。

（10）消防安全重点单位未建立健全防火档案，未对消防安全重点部位实行严格管理，未实行防火巡查并对职工进行消防安全培训，未制定灭火和应急疏散预案和定期组织消防训练。

安全妙语“谨”上添花：

火灾隐患真可怕　平常很难发现它
多加留意仔细查　莫待出事损失大

第三节 消除火灾隐患

一、增强检查消除火灾隐患的能力

（1）单位应提高检查消除火灾隐患的能力，做到消防安全自查、火灾隐患自除。

（2）单位日常消防安全管理中，应重点加强对用火用电、燃油燃气、安全疏散、消防设施器材和消防控制室等的消防安全管理。

（3）单位应定期组织防火检查。机关、团体、事业单位每季度至少组织一次，其他单位每月至少组织一次。检查应包括下列主要内容：

1）消防安全制度、管理措施及操作规程的执行和落实情况。

2）用火用电、燃油燃气的管理有无违章。

3）消防安全重点部位管理情况。

4）安全出口、疏散通道和消防车道是否畅通。

5）消防设施、器材和消防水源是否完好。

6）消防（控制室）值班人员值班情况。

7）灭火和应急疏散预案的制定与演练情况。

8）员工消防知识掌握情况。

9）防火巡查、火灾隐患整改及防范措施落实情况。

10）其他消防安全情况。

（4）单位应定期组织防火巡查。消防安全重点单位应每日进行防火巡查，其他单位对消防安全重点部位应每日进行防火巡查。

公共聚集场所在营业期间应至少每 2 小时进行一次防火巡查，并应在营业结束时对营业现场进行检查，避免遗留火种。医院、养老院、寄宿制学校、托儿所、幼儿园应加强夜间防火巡查，其他消防安全重点单位可以结合实际组织夜间防火巡查。防火巡查包括下列内容：

1）用火用电、燃油燃气的管理有无违章。

2）安全出口、疏散通道是否畅通，安全疏散指示标志、应急照明是否完好。

3）消防设施器材、消防安全标志是否完好。

4）常闭式防火门是否处于关闭状态，防火卷帘下是否堆放物品影响使用。

5）重点部位员工在岗在位情况。

6）其他消防安全情况。

（5）员工应每日进行岗位自查，检查包括下列内容：

1）用火用电、燃油燃气的使用有无违章。

2）安全出口、疏散通道是否畅通。

3）消防器材、消防安全标志是否完好。

4）场所有无遗留火种。

5）其他消防安全情况。

（6）消防安全责任人应对检查发现的火灾隐患整改负总责，消防安全管理人及消防工作归口管理职能部门具体负责督促落实火灾隐患的整改工作。

（7）发现火灾隐患应立即改正。不能立即改正的，发现人应向消防工作归口管理职能部门或消防安全管理人报告，消防工作归口管理职能部门或消防安全管理人应及时研究制定整改方案，确定整改措施、时限、部门和责任人，报消防安全责任人或消防安全管理人审批。整改期间应采取临时防范措施，确保消防安全。

（8）火灾隐患整改完毕后，消防安全管理人或消防工作归口管理职能部门应组织验收，并将验收结果报告消防安全责任人。

二、重点防火部位隐患消除

1. 宾馆重点防火部位隐患消除

（1）安全出口的数量及布置方向。一般来说安全出口数量不少于 2 个，只设一个的要满足国家防火规范的要求；出口一般布置在两个不同的方向，而且两个出口之间的最小间距不能小于 5 米。

（2）内部疏散走道及楼梯保持畅通，无杂物及影响疏散的栅栏门等。

（3）灯具要有效固定，灯具应当直接安装在灯座上，或者用铁丝、链条等固定，严禁以电线直接吊挂。

（4）应急灯、疏散指示灯、灭火器、消火栓、自救面具等器材设施配置运行情况保持良好。

（5）自动消防设施的运行情况良好。

（6）客房内应设“禁止卧床吸烟”标志。客房门后应备有疏散指示图，单位应制定完备的灭火疏散预案。

2. 商场重点防火部位隐患消除

（1）安全出口、疏散通道无阻塞、锁闭现象。

（2）消防设施、器材的配置运行、维护保养情况良好。

（3）内部走道应畅通，对较大的商场，主通道宽度不小于3米，次通道宽度不小于1.5米，柜台组与组之间宽度不小于3米。

（4）对外疏散门不得采用转门、侧拉门，应当是向外（疏散方向）开启的平开门。

（5）室外消防车道的畅通，净宽度不小于4米，禁止在车道上摆摊设点或建临时建筑，可采取画线的方法来方便日常管理。

（6）严禁使用明火采暖或做饭。

（7）严禁在库房、摊位内住人。

（8）库房内摆放应符合规定。

3. 银行重点防火部位隐患消除

（1）安全出口数量与畅通情况符合要求。

（2）应急照明灯、疏散指示灯等疏散设施情况良好。

（3）面积较大的营业厅应当设置2个安全出口，不能单纯以治安防范为借口减少出口数量和宽度，更不能人为锁闭安全出口。

4. 公共娱乐场所重点防火部位隐患消除

（1）公共娱乐场所不得设于文物古建筑、博物馆、图书馆内，不得毗邻重要物品或危险品仓库，不得于居民住宅楼内改建。

（2）公共娱乐场所应当是独立的防火分区，设于商住楼内的出口应与居民出口分开，防止火灾时相互影响。

（3）安全出口数量要符合要求，通道必须畅通。

（4）消防设施设置的部位、设施种类应符合要求。

（5）消防设施、器材的配置与维护保养及运行情况良好。

（6）每 2 小时进行一次防火巡查，营业前后进行防火检查，这些巡查和检查单位应当设立专门的台账，检查时可以根据记录对照检查结果，看单位自检自查是否认真落实；单位应建立并落实用火用电制度，对从业人员进行消防安全知识培训，制定灭火疏散预案并进行培训与演练。

5．餐饮场所重点防火部位隐患消除

（1）如使用管道燃气，则重点检查可燃气体报警装置和紧急切断阀；如为瓶装液化气，则首先应注意在高层民用建筑、地下建筑内严禁使用瓶装液化石油气，其余场所使用时，其胶管应定时检查，气瓶应相对集中存放，使用燃气的房间内不应有其他火源（煤火、柴油灶等）；如使用柴油灶，重点检查储油设施，油箱一般不大于1米^3，应设置于安全的室外部位。如设于室内，则应为独立房间，房门用防火门，灯具采用防爆灯。

（2）不应有明线敷设。

（3）后堂灯具应使用防护型。

（4）后堂油烟罩应随时清洗干净，烟道的定期清洗至少每半年一次，这是为了防止油锅起火时引燃油烟罩及烟道，从而酿成火灾。

（5）后堂应当配置处置油锅火灾的石棉毯。

6．桑拿浴、洗浴中心重点防火部位隐患消除

（1）出口数量及畅通情况。尤其在冬季，许多洗浴类场所为保暖将第二安全出口锁闭并覆以保温材料，这是相当危险的。

（2）干蒸炉的工作温度较高，干蒸房由多用木质材料建造，因此，应用不燃材料将炉子与木质墙体隔开。

（3）干蒸房内严禁挂晾衣物等，防止坠下后被引燃。

（4）洗浴区湿度常年都很大，电气线路与灯具都需要做良好的防水措施，如接线接头处采用防水胶布缠绕，接线盒作防水保护，灯具采用防潮、防水灯具等。

7. 幼儿园、托儿所重点防火部位隐患消除

（1）安全出口数量与布置要符合要求。

（2）儿童用房及游艺场所不应在 4 层及 4 层以上或地下、半地下设置（如为砖木结构，则不应在 3 层及 3 层以上）。

（3）应独立建造，如必须在别的建筑内，则应设置独立的出入口，例如现在很多在居民住宅楼内改建幼儿园，就必须有独立的出入口。

（4）必须有两个以上独立出口。

（5）食堂的燃料及安全措施，用火的安全措施，包括正常的生活用火（蚊香、熏醋等），要建立严格的用火安全制度，采取专人监护的措施。

8. 居民住宅区重点防火部位隐患消除

（1）公共部分（走道、楼梯）不准堆放杂物。

（2）消防车道保持畅通，尤其是夜间。

（3）地下室如有人居住，必然有在地下室使用液化气等违章现象，而且地下室一旦发生火灾，烟气对全楼的居民人身安全都构成威胁。

（4）无居民私存易燃易爆物品的情况，住宅底商部分严禁储存、销售易燃易爆物品。

（5）灭火器材的配置与维护、消防设施的运行情况应良好。

（6）物业管理单位应每日要进行防火巡查。

9. 医院、疗养院重点防火部位隐患消除

（1）医院、疗养院的安全出口或疏散楼梯不得少于 2 个；其安全疏散距离，当位于两楼梯间之间时不得大于 35 米，位于袋形走道尽端时不得大于 20 米。

（2）医院、疗养院的病房楼，应设置封闭楼梯间（包括首层扩大封闭楼梯间），高层医院病房楼应为防烟楼梯间，净宽不小于 1.3 米。

（3）安全疏散用的应急照明与疏散指示标志应符合要求。

（4）消防器材、设施的配置及维护保养情况良好。

（5）有些医院有在走道上加床、堆放杂物等现象，病房在夜间为便于管理、防止失窃而锁门的问题也是普遍现象，这都是火灾隐患。

（6）有些医院在病房楼内每层护士站都设有热饭用的液化气灶，有的医院食堂与病房楼贴邻或者直接设在病房楼内，一旦出现火灾就对住院病人构成威胁。

（7）高层医院的液氧储罐总容量不超过 3.00 米 ^{3} 时，储罐间

可一面贴邻所属高层建筑外墙建造，但应采用防火墙隔开，并应设直通室外的出口；对氧气瓶则应控制实瓶数量，设置气瓶库，空瓶及时归库。

（8）人员应掌握消防常识，了解本岗位火灾危险性及应对措施。

（9）有切实可行的灭火疏散预案（尤其是在夜间）。建议对住院病人及其陪护人员进行教育及应急措施的告知，这样在紧急情况下有自主行动能力的病人及陪护可以自救并提供帮助。

10. 客运场站重点防火部位隐患消除

（1）作为人员密集场所，建筑物构件的燃烧性能与耐火等级应当达到二级以上。

（2）出口（尤其是冬季）保持畅通。不能为了便于管理或防寒而锁闭出口，更不能为了创收将出口部位出租。

（3）候车区域内疏散通道的畅通必须得到保障，尤其是在“春运”等人流量极大的时候要保障站内通道的畅通。

（4）车辆进场时的安全检查要到位。停车场内不应有维修作业，冬季烤车时人员应密切监视。

（5）客运站一般都有旅社、餐厅等配套的设施，应一并进行检查。

安全妙语“谨”上添花：

火灾隐患查仔细　　各行各业有规矩
里里外外要查到　　莫留死角惹是非

第四节　火灾防护须知

一、防火基本原理和方法

1．控制可燃物

控制可燃物的基本原理是限制燃烧的基础或缩小可能燃烧的范围。

（1）以难燃烧或不燃烧的材料代替易燃或可燃材料（如用不燃材料或难燃材料作建筑结构、装修材料）。

（2）加强通风，降低可燃气体的浓度，可燃烧或爆炸的物品采取分开存放、隔离等措施。

（3）用防火涂料浸涂可燃材料，改变其燃烧性能。

（4）对性质上相互作用能发生燃烧或爆炸的物品采取分开存放、隔离等措施。

2. 控制助燃物

控制助燃物的原理是限制燃烧的助燃条件。

（1）使用易燃易爆物质的生产应在密闭设备管道中进行。

（2）对有异常危险的生产采取充装惰性气体（如对乙炔、甲醇氧化、梯恩梯球磨等生产充装氮气保护）的措施。

（3）隔绝空气储存，如将二硫化碳、磷储存于水中，将金属钾、钠储存于煤油中。

3. 消除着火源

消除着火源的原理是消除或控制燃烧的着火源。

（1）在危险场所，禁止吸烟、禁止动用明火、禁止穿带钉子的鞋。

（2）采用防爆电气设备，安装避雷针，装接地线。

（3）进行烘烤、熬炼、热处理作业时，严格控制温度，不超过可燃物质的自燃点。

（4）经常润滑机器轴承，防止摩擦产生高温。

（5）用电设备应安装保险器，防止因电线短路或超负荷而起火。

（6）存放化学易燃物品的仓库，应遮挡阳光。

（7）装运化学易燃物品时，铁质装卸、搬运工具应套上胶皮或衬上铜片、铝片。

（8）对火车、汽车、拖拉机的排烟气系统安装防火帽或火星熄灭器等。

4. 阻止火势蔓延

阻止火势蔓延的原理是不使新的燃烧条件形成，防止或限制火灾扩大。具体方法是：

（1）建筑物、构筑物及储罐、堆场等之间留足防火间距，设置防火墙，划分防火分区。

（2）在可燃气体管道上安装阻火器及水封等。

（3）在能形成爆炸介质（可燃气体、可燃蒸气和粉尘）的厂房设置泄压门窗、轻质屋盖、轻质墙体等。

（4）在有压力的容器上安装防爆膜和安全阀。

二、工厂火灾的防护方法

工业的繁荣才能促进国家经济的繁荣，才能推动科技的发展，才能提高生产力，为国家经济振兴发挥重要的作用。工业的发展影响着国家未来经济发展，所以，工厂车间防火就显得尤为重要。

1．工厂火灾的特性

（1）工厂车间的规划差。由于工厂内多放置各种机械、工具、成品、半成品，故多采取高且大面积为主的规划设计，这种设计一旦发生火灾极易造成火、烟快速蔓延。

（2）工厂内部储放危险性高的物品，例如石化工业原料、木棉、纤维、强酸、强氧化剂等，均易助燃或燃烧。

（3）产生意外的概率大。因电气、机械的长期使用，加上易燃品容易产生火花、高热，均是发生火灾的起因。

（4）火灾猛烈。各工厂厂房、仓库堆积大量生产器具、成品、半成品，一旦发生火灾极易迅速燃烧，并且造成燃烧时间长，范围广。

2．工厂火灾的防范措施

（1）工厂的车间设计和规划要以建筑技术设计规定为标准，达到防火要求，车间内要保证气流畅通，避免高温下引发火灾。要装置降温设备，比如空调、风扇，这样就使工厂内的物品难以达到燃点，避免火灾发生。

（2）危险性高的物品要根据安全规范予以保存和储藏，并且要定期进行检查和清理，以断绝火源。

（3）对老化的电线、电缆及有可能发生火灾、爆炸的机械要按时进行安全检查，需要更换的设备要坚决更换，不能因小失大。易燃品要远离电线电缆处，这样才有比较安全的生产环境。

（4）做好灭火系统和设备的安装和维护。一般来说大型的工厂车间比较适合安装超细干粉灭火剂及其配套的管网自动灭火系统或柜式自动灭火系统，此系统安装方便，成本低廉，最重要的是其所用的超细干粉灭火剂可以迅速、有效地扑灭火灾，而且其自动控制系统能在第一时间察觉到火灾发生的情况并采取有效的灭火行动。

三、家庭火灾的防护方法

1．小孩玩火的防范措施

（1）宣传教育。宣传教育是防止小孩玩火的基本方法，家长、老师以至全社会都有教育小孩不要玩火的责任。有条件的地区要尽可能把闲散儿童组织起来，可以举办临时托儿所、幼儿班，集中对儿童进行管理教育。把教育小孩不要玩火列入托儿所、幼儿园、小学的基本课程，小学课本要编入基本的消防知识。家长在日常生活中要教育小孩不要玩火，让他们知道火的危险性。组织小孩到消防队参观，观看消防电影、电视、图书。

（2）管好火种。家长要把火柴、打火机等放在小孩不易拿到的地方。家长外出时要把煤气总开关关闭。家长外出，小孩要托人照管，不要让小孩单独留在家中，更不可把小孩锁在家中。

2. 燃放烟花爆竹火灾的防范措施

（1）不得在电线下面燃放烟花爆竹，工厂、仓库、公共场所、易燃房屋、建筑工地、草地、粮囤、加油站及其他重要设施附近也不能燃放烟花爆竹。

（2）燃放前必须仔细阅读烟花爆竹上的燃放说明，按说明方法燃放。燃放升高（双响）爆竹要直立于地面，点燃后人立即离开。

（3）燃放升高的烟花爆竹要注意其落地情况，如落在可燃物之上，并仍有余火，应立即采取措施，将余火扑灭或将残片移走。

（4）节假日，特别是春节，工厂企业单位停止生产后要关闭门窗，以防外来烟花爆竹窜入。堆置在阳台、屋顶、露天的可燃物应移往安全地点或加以遮盖。

（5）买回的烟花爆竹要放在安全的地点，不要靠近火源、电源、热源，并要防止鼠咬，以防自行燃烧、爆炸。

四、高层建筑火灾防护方法

建筑越高火灾危险性越大，因此，高层建筑的居民应具备必要的消防常识，时刻绷紧消防安全这根弦，才能避免不必要的伤亡和损失。

1. 高层建筑的防火注意事项

住宅楼高于 10 层以上的均属于高层建筑。超过这个高度就会给灭火和救援带来很大的难度。因此，高层建筑楼的居民必须强化防火意识，掌握相关的防火常识与技能。

（1）遵守电器安全使用规定，不得超负荷用电。

（2）遵守燃气安全使用规定，严禁私拆、改、装燃气设施。

（3）室内装修时，必须严格执行有关防火安全规定；室内不得放置超过 0.5 千克以上的汽油、酒精、香蕉水等易燃物品。

（4）楼梯、走廊和安全出口等部位应保持畅通无阻，不得擅自封闭。

（5）消防设施、器材不得挪作他用，严防损坏和丢失。

（6）学习消防知识，掌握简易灭火方法，发生火灾后及时报警和扑救等。

2．熟记楼内疏散通道方位

（1）一般高层建筑都会在楼层的水平和垂直通道上设置疏散指示标志和应急照明装置，以防发生火灾时走错方向或看不清疏散通道。

（2）超高层建筑内都设置消防专用电梯，这种电梯均考虑了防火和防烟功能，必要时可应急使用。但是如果使用了电梯内的追降按钮，电梯会直通楼底，各楼层的按钮将会失去控制作用，电梯的升降只能由电梯内的人员来操作，故这种电梯不能作为正常疏散通道来使用。

3．常备消防设施

居住高层建筑家庭需要常备“四个一”，即一只灭火器、一根绳子、一根荧光棒和一只手电筒，以防不测。需要注意的是，在配置灭火器时要选择符合家庭特点的小型灭火器。当逃生路线全被封堵时，可使用绳子解危；另外，手电可以帮助你从黑暗和混乱中找到疏散通道，尽快逃离火海，荧光棒还可作为求救工具使用。

安全妙语“谨”上添花：

火灾如临大敌前　　绷紧预防这根弦
措施得当损失小　　常用装备准备全

第二章

正确扑救火灾 减少财产损失

第一节　消防应急装备的正确使用

一、消防应急装备的组成

1．五种常用消防应急器材

公安部消防局于 2010 年 12 月 8 日发布了《家庭消防应急器材配备常识》，以此指导居民合理配置消防设施，旨在提高家庭扑救初起火灾和逃生自救能力。公安部推荐的五种产品作为家庭应急配备器材，他们分别是手提式灭火器、灭火毯、消防过滤式自救呼吸器、救生缓降器、声光报警功能强光手电。

2．消防应急包

随着公民防灾减灾意识的提高，一些厂家推出了不同型号的防灾（消防、防震、防洪）应急包，并且根据不同的应急需要配备不同的应急救援器材。其中，消防应急包里就包含公安部消防局推荐的几种常用的灭火和逃生用具。

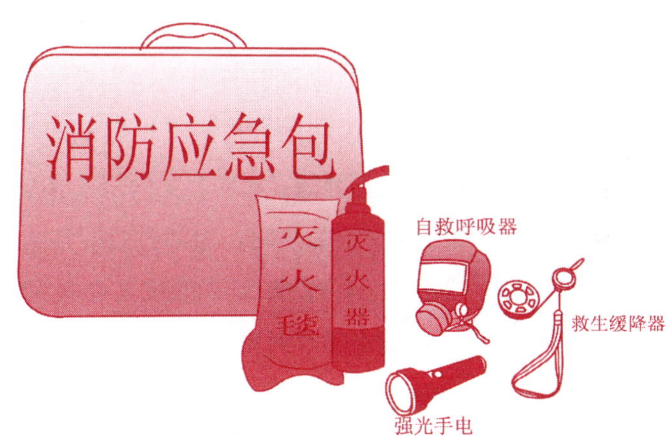

二、消防应急装备的正确使用

1. 手提式灭火器的正确使用

据无数次消防救援经验，手提式灭火器是家庭单位配备的首选器材。

（1）泡沫灭火器的正确使用。泡沫灭火器适宜扑救油脂类火灾，但不能扑救水溶性物质火灾以及电器类火灾。

使用泡沫灭火器时可手提筒体上部的提环，迅速奔赴火场。这时应注意不得使灭火器过分倾斜，更不可横拿或颠倒，以免两种药剂混合而提前喷出。当距离着火点 10 米左右时将筒体颠倒过来，一只手紧握提环，另一只手扶住筒体的底圈，将射流对准燃烧物。在扑救可燃液体火灾时，如已呈流淌状燃烧，则将泡沫由远而近喷射，使泡沫完全覆盖在燃烧液面上。

如在容器内燃烧，应将泡沫射向容器的内壁，使泡沫沿着内壁流淌，逐步覆盖着火液面。切忌直接对准着火液面喷射，以免由于射流的冲击，反而将燃烧的液体冲散或冲出容器，扩大燃烧范围。在扑救固体物质火灾时，应将射流对准燃烧最猛烈处。灭火时随着有效喷射距离的缩短，使用者应逐渐向燃烧区靠近，并始终将泡沫喷在燃烧物上，直到扑灭。

（2）ABC类干粉灭火器的正确使用。通常我们配备的是ABC干粉灭火器。干粉灭火器的使用方法相对于泡沫灭火器简单得多，但注意事项大同小异，一定要将喷嘴对准火焰根部喷射。

（3）二氧化碳灭火器的正确使用。还有一种适宜扑救精密仪器仪表、电器类火灾的灭火器，就是二氧化碳灭火器。灭火时只要将灭火器提到或扛到火场，在距燃烧物5米左右，放下灭火器拔出保险销，一手握住喇叭筒根部的手柄，另一只手紧握启闭阀的压把，对准火焰喷射，即可达到灭火效果。

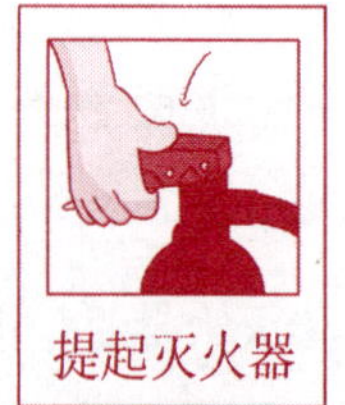
提起灭火器

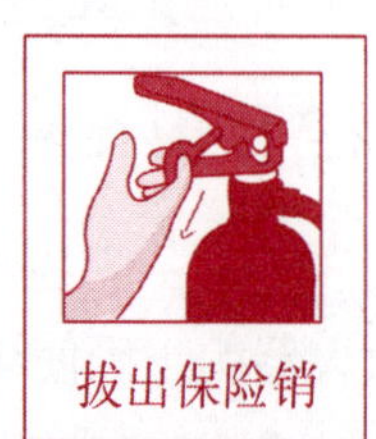
拔出保险销

手提式灭火器的正确使用

用力压下手柄

对准火焰根部扫射

无论是泡沫灭火器、干粉灭火器、二氧化碳灭火器，其灭火原理都是破坏燃烧的三个条件之一，最终达到灭火的效果。

2. 灭火毯和石棉被的正确使用

灭火毯具有难燃、耐高温、遇火不延燃、耐腐蚀、抗虫蛀的特性，是由玻璃纤维等材料经过特殊处理编织而成的织物，能起到隔离热源及火焰的作用，可用于扑灭油锅火或者披覆在身上逃生，增加逃生机会，减小人员伤亡。石棉被是用优质的石棉纱交织而成，经特殊工艺处理后加工而成，具有紧密的组织结构和耐高温性，能很好地阻止燃烧或隔离燃烧。

一旦陷入火场，可将灭火毯或石棉被披裹在身上并戴上防烟面罩，迅速脱离火场。在炼钢厂、电弧焊加工、锅炉房及化学实验室等场所发生火灾时，披在身上能够抵挡火花飞溅、熔渣、烧焊飞溅物等，起到隔离作用，帮助人们迅速逃离火场。在扑救初期火灾时，可以将灭火毯直接覆盖在火源或着火的物体上，可在短时间内扑灭火源。

3. 过滤式自救呼吸器的正确使用

消防过滤式自救呼吸器，由防护头罩、过滤装置和面罩组成，可用于火场浓烟环境下的逃生自救。

消防过滤式自救呼吸器是绝大多数室内场所发生火灾时最佳逃生用品之一。经研究，发生火灾时，真正被火烧死的并不多，大多数都死于烟熏中毒，因此，消防过滤式自救呼吸器是企业单位及家庭必备的个人防护用品。国家有关部门规定，公共娱乐场所营业房内必须配备充足的消防过滤式呼吸器和强光手电，一旦遇到火灾可最大限度地帮助消费者逃生自救。

过滤式自救呼吸器的使用方法：

（1）打开盒子取出呼吸器。

（2）拔掉前后两个塞子。

（3）将呼吸器戴于头上。

（4）从侧面拉紧系带。

打开盒盖，取出真空包装

撕开真空包装袋，拔掉前后两个罐塞

戴上头罩，拉紧头带

选择路径，果断逃生

特别提醒：

（1）自救式呼吸器只可一次性使用，仅供个人逃生，不可用于工作防护。

（2）应放置于干燥通风、无腐蚀物质处保存。

（3）备用状态时不可撕开真空包装袋，否则将失效。

4．救生缓降器的正确使用

高楼着火并不可怕，可怕的是没有掌握逃生常识，没有配备必要的高楼逃生器材。公安部消防局推荐的《家庭消防应急器材配备常识》目录中就明确将救生缓降器作为特别重要的高楼逃生器材予以推荐。

救生缓降器是供人员随绳索靠自重从高处缓慢下降的紧急逃生装置，主要由绳索、安全带、安全钩、绳索卷盘等组成，可反复使用。

把安全钩挂在预先安装好的固定架上或任何稳固的支撑物上

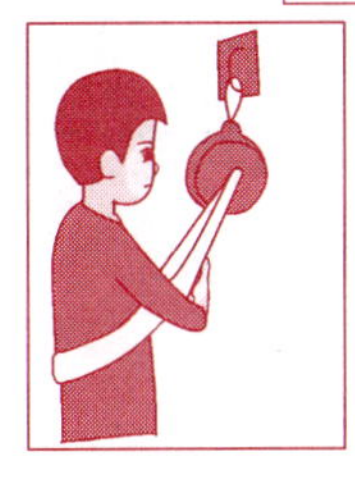

将安全带套于腋下，拉紧铁扣至合适位置

从窗口或平台面向墙壁慢慢滑下

使用时一定要严格按照说明，分步骤进行：

（1）将调速器用安全钩挂在预先安装好的挂钩板上或用安全钩连接钢丝绳将其挂在坚固的支撑物上（暖气管道，上、下水管道，

楼梯栏杆等处)，对已安装了安装箱的用户，可在紧急情况发生时打碎玻璃取出调速器。

（2）将钢丝绳盘顺室外墙面投向地面，且保证钢丝绳顺利展开至地面。

（3）系好安全带，将带夹调整合适。

（4）站在窗台上拉动钢丝绳长端，使其短端处于绷紧状态。

（5）双手扶住窗框，将身体悬于窗外，松开双手，开始匀速下降。下降过程中应面朝墙，双手轻扶墙面，双脚蹬墙，以免擦伤。

（6）安全落地后，摘下安全带迅速离开现场。

5. 强光手电的正确使用

强光手电又称 LED 强光手电筒，是以发光二极管作为光源的一种新型照明工具，它具有省电、耐用、亮度高等优点。强光手电充电 5 ~ 8 小时，就可以间断使用 3 个月。在我们遇到紧急情况下，特别是在黑暗或者浓烟的状态下利用手电筒进行呼救和示警是最好的选择。

强光手电使用方法十分简单，第一次按下开关为强光，第二次为特强光，第三次为闪光警示，第四次为关灯。带声光报警功能的强光手电，具有火灾应急照明和紧急呼救功能，可用于火场浓烟以及黑暗环境下人员疏散照明和发出声光呼救信号。

安全妙语“谨”上添花：

火灾发生岂可料　预防措施莫要少
应急装备常准备　不时之需很重要

第二节 初期火灾正确扑救

一、初起火灾的扑灭程序

扑灭初起火灾会减少火灾损失，杜绝火灾伤亡。火灾初起阶段燃烧面积小，火势弱，如能采取正确的扑救方法，就会在灾难形成之前迅速将火扑灭。

据统计，以往发生的火灾中有70%以上是由在场人员在火灾的初起阶段扑灭的。

1. 先控制，后消灭

对于不能立即扑灭的火灾要首先控制火势的蔓延和扩大，然后在此基础上一举消灭火灾。例如，燃气管道着火后，要迅速关闭阀门，断绝气源，堵塞漏洞，防止气体扩散，同时保护受火威胁的其他设施；当建筑物一端起火向另一端蔓延时，应从中间适当部位控制。

先控制，后消灭，在灭火过程中是紧密相连，不能截然分开的。特别是对于扑救初起火灾来说，控制火势发展与消灭火灾，二者没有根本的界限，几乎是同时进行的。应该根据火势情况与本身力量灵活运用这一原则。

2. 救人重于救火

当火场上有人受到火势围困，首先要做的是把人从火场中救出来，即救人胜于救火。实际操作中，可以根据人员和火势情况，救人和救火同时进行，但决不能因为救火而贻误救人时机。

3. 先重点，后一般

在扑救初起火灾时，要全面了解和分析火场情况，区分重点和一般。在很多时候，在火场上重点与一般是相对的，一般来说，要分清以下情况：人重于物；贵重物资重于一般物资；火势蔓延迅猛地带重于火势蔓延缓慢地带；有爆炸、毒害、倒塌危险的方面要重于没有这些危险的方面；火场下风向重于火场上风向；易燃、可燃物集中区域重于这类物品较少的区域；要害部位重于非要害部位。

4. 快速、准确、协调作战

火灾初起时越迅速、越准确靠近火点及早灭火，越有利于抢在火灾蔓延扩大之前控制火势，消灭火灾。

协调作战是指参加扑救火灾的所有组织、个人之间的相互协作，密切配合行动。

二、初起火灾的基本扑救方法

1. 隔离法

拆除与火场相连的可燃、易燃建筑物，或用水流水帘形成防止火势蔓延的隔离带，将燃烧区与未燃烧区分隔开。在确保安全的前提下，将火场内的设备或容器内的可燃、易燃液体、气体排放、泄除、转移至安全地带。

2. 冷却法

使用水枪将水喷洒到燃烧区，直接作用于燃烧物使之冷却熄灭；将冷却剂喷洒到与燃烧物相邻的其他尚未燃烧的可燃物或建筑物上进行冷却，以阻止火灾的蔓延。用水冷却建筑构件、生产装置或容器，以防止受热变形或爆炸。

3. 窒息灭火法

用湿棉被、湿麻袋、石棉毯等不燃或难燃物质覆盖在燃烧物表面；较密闭的房间发生火灾时，封堵燃烧区的所有门窗、孔洞，阻止空气等助燃物进入，待其氧气消耗尽使其自行熄灭。

4. 化学抑制法

利用 ABC 干粉或其他有化学成分的药剂喷洒于燃烧物体表面，阻止燃烧的方式称之为化学抑制法。

安全妙语“谨”上添花：

初起火灾威力小　控制蔓延要趁早
区别一般和重要　方法得当效果好

第三节　电气火灾扑救方法

一、电气火灾要断电灭火

电气设备发生火灾或引燃附近可燃物时，首先要切断电源。

（1）电气设备发生火灾后，要立即切断电源。如果要切断整个车间或整个建筑物的电源时，可在变电所、配电室断开主开关。在自动空气开关或油断路器等主开关没有断开前，不能随便拉隔离开关，以免产生电弧发生危险。

（2）发生火灾后用闸刀开关切断电源时，由于闸刀开关在发生火灾时受潮或烟熏，其绝缘强度会降低，切断电源时，最好用绝缘的工具操作。

（3）切断用磁力启动器控制的电动机时，应先用接钮开关停电，然后再断开闸刀开关，防止带负荷操作产生电弧伤人。

（4）切断动力配电盘电源时，应先用电动机的控制开关切断电动机回路的负荷电流，停止各个电动机的运转，然后再用总开关切断配电盘的总电源。

（5）当进入建筑物内用各种电气开关切断电源已经比较困难，或者已经不可能时，可以在上一级变、配电所切断电源。有时还需要采取剪断电气线路的方法来切断电源。如需剪断对地电压在250伏以下的线路时，可穿戴绝缘靴和绝缘手套，用断电剪将电线剪断。切断电源的地点要选择适当，剪断的位置应在电源方面，即来电方向的支持物附近，防止导线剪断后掉落在地上造成接地短路触电伤人。对三相线路的非同相电线应在不同部位剪断。在剪断扭缠在一起的合股线时，要防止两股以上合剪，否则会造成短路事故。

（6）城市生活居住区的杆上变电台上的变压器和农村小型变压器的高压侧，多用跌开式熔断器保护。如果需要切断变压器的电源时，可以用电工专用的绝缘杆捅跌开式熔断器的鸭嘴，熔丝管就会跌落下来，达到断电的目的。

（7）电容器和电缆在切断电源后，仍可能有残余电压，因此，即使可以确定电容器或电缆已经切断电源，但是为了安全起见，仍不能直接接触或搬动电缆和电容器，以防发生触电事故。

电源切断后，电气火灾扑救方法与一般火灾扑救相同。

二、几种电气设备火灾扑救方法

1. 发电机和电动机的火灾扑救方法

发电机和电动机等电气设备都属于旋转电机类，这类设备的特点是绝缘材料相对比较少，而且有比较坚固的外壳。如果附近没有其他可燃、易燃物质，且扑救及时，就可防止火灾扩大蔓延。由于可燃物质数量比较少，可用二氧化碳等灭火器扑救。大型旋转电机燃烧猛烈时，可用水蒸气和喷雾水扑救。实践证明，用喷雾水扑救的效果更好。对于旋转电机，不要用砂土扑救，以防硬性杂质落入电机内，使电机的绝缘和轴承等受到损坏而造成严重后果。

2. 变压器和油断路器火灾扑救方法

变压器和油断路器等充油电气设备发生燃烧时，切断电源后的扑救方法与扑救可燃液体火灾相同。如果油箱没有破损，可以用干粉、二氧化碳灭火器等进行扑救。如果油箱已经破裂，大量变压器油燃烧，火势凶猛时，切断电源后可用喷雾水或泡沫扑救。流散的油火，可用喷雾水或泡沫扑救。流散的油量不多时，也可用砂土压埋。

3. 变、配电设备火灾扑救方法

变、配电设备有许多瓷质绝缘套管，这些套管在高温状态遇急冷或不均匀冷却时，容易爆裂而损坏设备，可能造成火势进一步扩大蔓延。所以，遇这种情况最好用喷雾水灭火，并注意均匀冷却设备。

4. 封闭式电烘干箱内被烘干物质燃烧时的扑救方法

封闭式电烘干箱内的被烘干物质燃烧时，切断电源后，由于烘干箱内的空气不足，燃烧不能继续，温度下降，燃烧会逐渐被窒息。因此，发现电烘箱冒烟时，应立即切断烘干箱的电源，不要打开烘干箱。不然，由于进入空气，反而会使火势扩大。如果错误地往烘干箱内泼水，会使电炉丝、隔热板等遭受损坏而造成不应有的损失。

如果是车间内的大型电烘干室内发生燃烧，应尽快切断电源。当可燃物质的数量比较多，且有蔓延扩大的危险时，应根据烘干物质的情况，采用喷雾水枪或直流水枪扑救。但在没有做好灭火准备工作时，不应把烘干室的门打开，以防火势扩大。

三、带电灭火要领

有时在危急的情况下，如等待切断电源后再进行扑救，就会有使火势蔓延扩大的危险，或者断电后会严重影响生产。这时为了取得扑救的主动权，扑救就需要在带电的情况下进行。

带电灭火时应注意以下几点：

（1）必须在确保安全的前提下进行，应用不导电的灭火剂、如二氧化碳、干粉等进行灭火。不能直接用导电的灭火剂如直射水流、泡沫等进行喷射，否则会造成触电事故。

（2）使用小型二氧化碳、干粉灭火器灭火时，由于其射程较近，要注意保持一定的安全距离。

（3）在灭火人员穿戴绝缘靴和绝缘手套、水枪喷嘴安装接地线的情况下，可以采用喷雾水灭火。

（4）如遇带电导线落于地面，则要防止跨步电压触电，扑救人员需要进入灭火时，必须穿上绝缘鞋。

此外，有油的电气设备如变压器、油开关着火时，也可用干燥的砂土盖住火焰，使火熄灭。

安全妙语“谨”上添花：

电气火灾真特殊　　触电安全需评估
要灭火来先断电　　器材选择有讲究

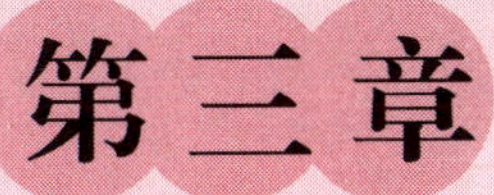

及时火场逃生 快速拯救伤员

第一节 公共场所火灾逃生

一、宾馆饭店火灾逃生

1. 熟悉环境

当住进宾馆或者进入饭店之后，必须首先搞清楚疏散通道楼梯以及安全出口的位置，报警器、灭火器的位置等。

2. 防烟

一旦发现火灾，千万不能打开房门观望，因为火灾容易形成冷热主气对流，使烟火扑面而来。此时最好的办法是迅速用水浸湿床单、毛巾等堵塞房门的空隙，以防烟气蹿入，然后用湿毛巾捂住口鼻等待救援。

3．疏散

现代化规范的宾馆饭店一般都有受过良好消防训练的服务人员，要听从宾馆饭店工作人员的口头引导和广播引导，切不可自以为是、不听劝告盲目疏散。

4．自救

很多宾馆饭店内都备有自救缓降器和自救绳，一旦发生火灾，可迅速逃生。同时，一般高层宾馆的自身消防硬件设施也比较完善，比如楼梯间都是防烟或封闭的，而且距离房间都不远，只要迅速进入楼梯间大都能活命。一旦脱离险境切记莫重返火场。

5. 等待救援

在城市，从报警起到消防队到达火场的时间一般都不超过 5 分钟，而且其首要任务就是救人。因此，如果你被浓烟烈火围困，千万不要惊慌，更不能盲目跳楼。一定要保持慎静，等待消防人员来救援。

二、娱乐场所火灾逃生

人员聚集的公共娱乐场所一旦发生火灾，在火灾的发展阶段人员是很难疏散完毕的，即使是小的火灾事故，也会导致人们惊慌失措、争先逃生、相互拥挤，不能及时疏散而造成重大人员伤亡事故。舞厅、卡拉 OK 厅等娱乐场所不同于影剧院，顾客随意性比较大，有时人员相对集中，密度较大，加上灯光暗淡，一旦起火，人员拥挤，秩序混乱，如果通道不畅，极易造成人员重大伤亡。

（1）要掌握一定的自救逃生知识。单位组织的消防观摩、逃生演习、消防知识培训，一定要积极参加，平时自己也要多学习一些逃生知识。这样，在灾难到来之际才会心中有底。

（2）进入娱乐场所，自己要有意识地了解其内部地形，熟悉所有通道的走向，做到心中有数。切不可只顾玩乐，对这些不闻不问，以致火灾发生时惊慌失措，无路可逃。

（3）遇险应沉着应付，果断行事。大部分人员在遇到火灾等突发性事件的时候，总是慌乱无章，不知所措，正因为这样，才会导致一些惨案发生，一旦遇到火灾等突发性事件，一定要沉着冷静地思考一下以前学过的消防知识，仔细观察出事现场，充分利用一切可以利用的逃生工具，紧张有序地逃生。

（4）疏散人员要听从工作人员的指挥，切忌互相拥挤、乱跑乱蹿。疏散时，要尽量靠近承重墙或承重构件部位行走，以防坠物砸伤。

三、商（市）场火灾逃生

商（市）场具有经营面积大、易燃、可燃物品多（如商场的建筑装饰材料、许多商品本身都是可燃物）、人员流动性大等特点，稍有不慎发生火灾，火势蔓延迅速，会引起场面混乱，疏散困难，人民生命和财产安全都将受到严重威胁。

1. 利用疏散通道逃生

每个商场都按规定设有室内楼梯、室外楼梯，有的还设有自动扶梯、消防电梯等，发生火灾后，尤其是在火灾初期阶段，这都是良好的逃生通道。

2．自制器材逃生

商场（集贸市场）是物资高度集中的场所，商品种类多。发生火灾后，可利用逃生的物资是比较多的。如将毛巾、口罩浸湿后捂住口、鼻，可制成防烟工具；可利用绳索、布匹、床单、地毯、窗帘来开辟逃生通道；如果商场（集贸市场）还经营五金等商品，还可以利用各种机用皮带、消防水带、电缆线来开辟逃生通道；穿戴商场（集贸市场）经营的各种劳动保护用品，如安全帽、摩托车头盔、工作服等，以避免烧伤和坠落物资的砸伤。

3．利用建筑物逃生

可利用落水管、房屋内外的突出部位、各种门窗以及建筑物的避雷网（线）进行逃生或转移到安全区域再寻找机会逃生。使用这种逃生方法时，要胆大心细，特别是老、弱、病、残、妇、幼等人员，切不可盲目行事，否则容易出现伤亡。

4．寻找避难处所逃生

在无路可逃的情况下，应积极寻找避难处所。如到室外阳台、楼层平顶等待救援；选择火势、烟雾难以蔓延的房间，关好门窗，堵塞间隙。房间如有水源，要立刻将门、窗和各种可燃物浇湿，以阻止或减缓火势和烟雾的蔓延时间。无论白天还是夜晚被困者都应大声呼救，不断发出各种呼救信号，以引起救援人员的注意，帮助自己脱离困境。

5．听从指挥

被困人员要克服盲目从众心理，听从工作人员的指挥，有序疏散，切忌互相拥挤、乱跑乱蹿。

6．增强消防意识

进入商场应该先了解安全出口、疏散通道、楼梯间位置及是否关闭、是否上锁，查看消防栓、缓降机等各项灭火、避难器具的位置。

四、影剧院火灾逃生

影剧院建筑高、空间大，电器设备多、结构复杂、有相当数量的可燃物，常常处于人员高度集中状态。发生火灾后，火势猛烈，蔓延迅速，容易造成人员伤亡。

影剧院着火时，人多，疏散通道少，这就给人员逃生带来了很大的困难。

1. 选择安全出口逃生

影剧院里都设有消防疏散通道，并装有门灯、壁灯、脚灯等应急照明设备，标有“太平门”“出口处”或“非常出口”“紧急出口”等指示标志。发生火灾后，观众应按照这些应急照明指示设施所指引的方向迅速选择人流量较小的疏散通道撤离。

（1）当舞台发生火灾时，火灾蔓延的主要方向是观众厅，厅内不能及时疏散的人员，要尽量靠近放映厅的一端掌握时机进行逃生。

（2）当观众厅发生火灾时，火灾蔓延的主要方向是舞台，其次是放映厅。逃生人员可利用舞台、放映厅和观众厅的各个出口迅速疏散。

（3）当放映厅发生火灾时，由于火势对观众厅的威胁不大，逃生人员可以利用舞台和观众厅的各个出入口进行疏散。

（4）发生火灾时，楼上的观众可从疏散门由楼梯向外疏散。楼梯如果被烟雾阻隔，在火势不大时，可以从火中冲出去，虽然可能受伤，但可避免生命危险。此外，还可就地取材，利用窗帘等自制救生器材，开辟疏散通道。

2. 逃生注意事项

（1）疏散人员要听从影剧院工作人员的指挥，切忌互相拥挤、乱跑乱蹿，堵塞疏散通道，影响疏散速度。

（2）疏散时，人员要尽量靠近承重墙或承重构件部位行走，以防坠物砸伤。特别是在观众厅发生火灾时，人员不要在剧场中央停留。

（3）若烟气较大时，宜弯腰行走或匍匐前进，因为靠近地面的空气较为清洁。

五、野外火灾逃生

（1）正确选择逃生路线，被火包围要选择顶风路线，不可选择顺风路线。大火随风向而来，要绕道避开火险。

（2）寻找天然防火带、开阔平地可阻挡火势，河流是最好的防火带。

（3）在开阔地或荒地火势较弱时，脱险的方式是快速奔跑，穿过火场。但火势强劲或者大火覆盖大片地域时，此法是下策。在穿越火场时要尽量用水把全身弄湿，捂住口鼻。

（4）无路可逃时，尽可能就地挖一个凹形坑，脱去化纤衣物，将铺上泥土的大衣或布料盖在身上，手曲成环状放在口鼻上以利呼吸。当火焰通过时，屏住呼吸。

从火场中跑出并不意味着事情已经脱离危险。此刻，很可能衣服已着火，应该迅速脱掉衣物，或者躺到地上慢慢滚动，还可以用水浇灭火。此时不要直立或奔跑，那样只能使火烧得更旺。倘若受伤，还要立即处理伤口。万一烧伤，很重要的一点是防止创面的污染，保护创面不受更多损伤。可以先用棉球浸上淡肥皂水，轻轻拭去皮肤上的油渍、异物、污泥，再用 0.9% 的盐水冲洗干净，除去已脱落的表皮，用纱布或清洁的衣服、手绢轻轻包扎。

安全妙语"谨"上添花：

公共场所人员多　　加强管理莫失火
紧急情况遵秩序　　巧妙逃生要沉着

第二节　交通工具火灾逃生

一、客运列车火灾逃生

在客运列车上，由于旅客违反规定携带易燃易爆危险品登车或是在乘车途中用火不慎，以及火车出现故障等，都可能引发列车火灾。列车上人员密集，发生火灾极易造成人员伤亡；又由于车厢空间呈长筒状，火势若不能在短时间内得到有效控制，便容易形成一条火龙，在车厢内迅速蔓延，吞噬车内装置和旅客的行李物品，容易在狭小空间内产生大量有毒气体。

列车上发生火灾时，帮助乘客克服慌乱情绪，组织乘客进行有效的逃生是列车乘务人员的职责。

逃生方法主要有以下几种：

（1）尽可能利用旅客列车内的设施逃生。

（2）利用车厢前后门逃生。旅客列车每节车厢内都有一条长约 20 米、宽约 80 厘米的人行通道，车厢两头有通往相邻车厢的手动门或自动门，当某一节车厢内发生火灾时，这些通道是被困人员可利用的主要逃生通道。

（3）利用车厢的窗户逃生。旅客列车车厢内窗户规格一般为70 厘米 ×60 厘米，装有双层玻璃。当发生火灾时，在列车停稳后被困人员可用坚硬的物品将窗户的玻璃砸破，通过窗户逃离火灾现场。

（4）运行中的旅客列车发生火灾，列车乘务人员在引导被困人员通过各车厢互连通道逃离火场的同时，还应迅速扳下制动闸，使列车停下来，并组织人力迅速将车门和车窗全部打开，帮助未逃离着火车厢的被困人员向外疏散。旅客列车在行驶途中或停车时发生火灾，当大火威胁相邻车厢时，应采取摘钩的方法疏散未起火的车厢。

当起火车厢内的火势不大时，列车乘务人员应告诉乘客不要开启车厢门窗，以免大量的新鲜空气进入后，加速火势扩大蔓延。同时，组织乘客利用列车的灭火器材扑救火灾，还要有秩序地引导被困人员从车厢的前后门疏散到相邻的车厢；当车厢内浓烟弥漫时，要告诉被困人员采取低姿行走的方式逃离到车厢外或相邻的车厢；当车厢内火势较大时，应尽量破窗逃生；采用摘挂钩的方法疏散车厢时，应选择在平坦的路段进行。对有可能发生溜车的路段，可用硬物塞垫车轮，防止溜车。

二、地铁火灾自救与逃生

地铁作为现代化城市交通的重要设施，具有客运量大、高速快捷、时间准确的特点。但地铁是穿行于隧道之中的交通工具，隧道较长，通风条件、照明条件都较差，环境复杂，万一发生火灾，安全疏散和救援作业困难很多。

（1）要有逃生的意识。乘客进入地铁后，一定要对其内部设施和结构布局进行观察，熟记疏散通道安全出口的位置。

（2）要及时报警。可以利用自己的手机报警，也可以按动地铁列车车厢内的紧急报警按钮。在两节车厢连接处，均贴有红底黄字的“报警开关”标志，箭头指向位置即是紧急报警按钮所在的位置。

（3）要做到扑火自救。发现火情后，除了及时报警外，要寻找附近的灭火器材进行灭火，力求把初起之火控制在最小范围内，并采取一切可能的措施将其扑灭。灭火器位于每节车厢两个内侧车门的中间座位之下，上面贴有“灭火器”标志。乘客旋转拉手90度，开门就可以取出灭火器。

（4）如果火势蔓延，乘客无法进行灭火自救，这个时候应保护好自己，进行有序的安全逃生。将老、弱、妇、幼等弱势群体先行疏散至安全的车厢。如初期火灾扑救失败，应及时关闭车厢门，防止火势蔓延赢取逃生时间。

（5）逃生时，应采取低姿势前进（但不要匍匐前进，以免贻误逃生时机），不要做深呼吸，可能的情况下用湿衣服或毛巾捂住口和鼻子，防止烟雾进入呼吸道。采取自救或互救手段疏散到地面、避难间、防烟室及其他安全地区。视线不清时，手摸墙壁慢慢撤离。

（6）在逃生过程中要保持镇定，不要盲目地相互拥挤和乱蹿，要听从地铁工作人员的指挥和引导疏散。如果火灾引起停电，可按照应急灯和疏散指示标志的指示方向进行有序逃生。万一疏散通道被大火阻断，应尽量想办法延长生存时间，等待消防队员前来救援。

三、公共汽车火灾逃生

公共汽车发生的火灾具有两个主要特点，首先是火势蔓延迅猛，其次是人员疏散困难。因此，掌握公共汽车火灾的扑救及逃生方法就显得非常重要。

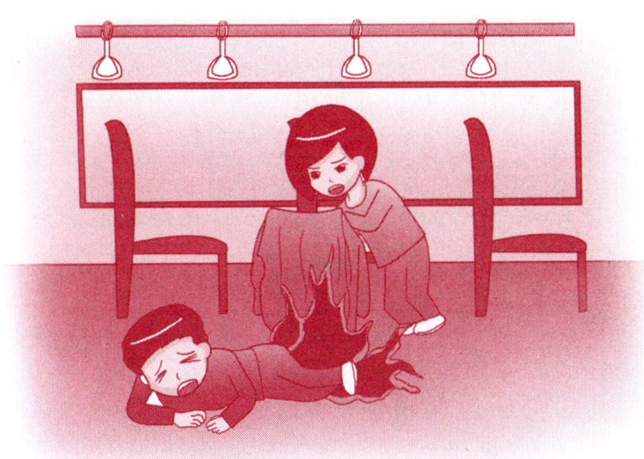

1. 车门逃生法

（1）当车辆着火后，驾驶员第一反应就是停车、开门，疏导乘客下车。然后，组织乘客用随车灭火器扑灭火焰。但在特殊情况下，如车辆受损断气、断电时，司机无法通过仪表盘上的按钮将车门打开，这种情况下首先要镇定，可利用公共汽车车门上方的车门开启安全阀打开车门。离门近的乘客只要将此安全阀打开，然后手动将门打开下车即可。

（2）如果着火部位在汽车中间，驾驶员应打开车门，让乘客从两头车门有秩序地下车。在扑救火灾时，有重点地保护驾驶室和油箱部位。

（3）如果火焰小但封住了车门，乘客可用衣物蒙住头部，从车门冲下。

2. 车窗逃生法

在遇险情时，距离车门较远的乘客无法迅速从车门逃生，或车门无法打开的情况下，乘客就要选择从安全窗逃离。如果是滑动车窗，乘客将车窗打开即可跳出。如果是封闭车窗，乘客需要打碎车窗才能逃出。打碎封闭车窗时，应砸车窗玻璃的四角。现在汽车的车窗都是钢化玻璃，在被打碎后这种玻璃会碎成颗粒状，不会像家用玻璃那样危险。一般情况下，车门对面的一侧前后应该都有安全锤，安全锤挂在前后轮附近的车窗框上。

3. 开展自救、互救逃生

在火灾中，如果乘车人员衣服被火烧着了，不要惊慌，应沉着冷静地采取以下措施：如果来得及脱下衣服，可以迅速脱下衣服，用脚将火踩灭；如果发现他人身上的衣服着火时，可以脱下自己的衣服或用其他物品，将他人身上的火捂灭，切忌让着火人乱跑。

四、客船火灾逃生

（1）当客船在航行时机舱起火，机舱人员可利用尾舱通向上甲板的出入孔逃生。

（2）船上工作人员应引导船上乘客向客船的前部、尾部和露天甲板疏散，必要时可利用救生绳、救生梯向水中或救援船只上逃生，也可穿上救生衣跳入水中逃生。

（3）如果火势蔓延封住走道时，来不及逃生者可关闭房门，不让烟气、火焰侵入。情况紧急时，也可跳入水中。当客船前部某一楼层着火，还未延烧到机舱时，应采取紧急靠岸或自行搁浅措施，让船体处于对稳定状态。

（4）被火围困人员应迅速往主甲板、露天甲板疏散，然后，借助救生器材向水中和救援船只上及岸上逃生。当客船上某一客舱着火时，舱内人员在逃出后应随手将舱门关上，以防火势蔓延，并提醒相邻客舱内的旅客赶快疏散。

（5）若火势已蹿出房间封住内走道时，相邻房间的旅客应关闭靠内走廊的房门，从通向左右船舷的舱门逃生。

安全妙语“谨”上添花：

交通工具空间小　万一失火难逃跑
利用设施巧施救　措施得当把命保

第三节　家庭火灾逃生

一、家庭火灾逃生程序

（1）发现火灾（闻到烟味，或听到声音）后首先冷静判断起火点。

（2）如果起火点在卧室，应立即出门，并关闭房门，然后转入扑救或逃生状态。

（3）在明确不是卧室起火后，判断是否可以开门外出。

（4）摸一下门把手，如果不热的话，说明可以外出，则立即低姿外出，转入报警和扑救状态。

（5）告诉其他卧室的亲人，让他们不要紧张，做好灭火和逃生准备。

（6）打“119”电话向消防队报警。

（7）如果是厨房起火，判断火势的大小，自己能不能扑灭。如果可以扑灭，则使用家用灭火器灭火。要在离火焰2～3米远的位置灭火，在走过去的时候要注意防烟，如果烟大，要低姿或爬行前进。灭火的同时可通知家中弱势人员先行逃出，以防万一。

（8）如果火未被扑灭，再判断一下是否有能力继续灭火，如果没把握，立即让家中其他人员逃出。

（9）如果判断火势太大无法扑灭，则在家人逃生的基础上，自己也立即逃生，逃生后关闭家中户门。

（10）在楼下迎接消防队，注意一直用电话与消防队保持联系，告知火灾情况，并配合到场的消防队员入户灭火。

（11）如果摸门时发烫，则不能外出，立即转入报警和等待救援状态。

（12）立即通知家中其他成员不要开门。

（13）用毛巾之类的东西塞住户门，泼水降温。

（14）打开窗户，向外面的人紧急求救（晃动物品，打灯光、手电筒等，或抛物发出声音）。

（15）打“119”电话报警，如果可能的话持续告诉现场情况。

（16）如果烟已经进入室内，则考虑用逃生绳向下一层转移。

（17）请求下一层邻居配合，转移其他家人。

（18）采取其他互助逃生办法。

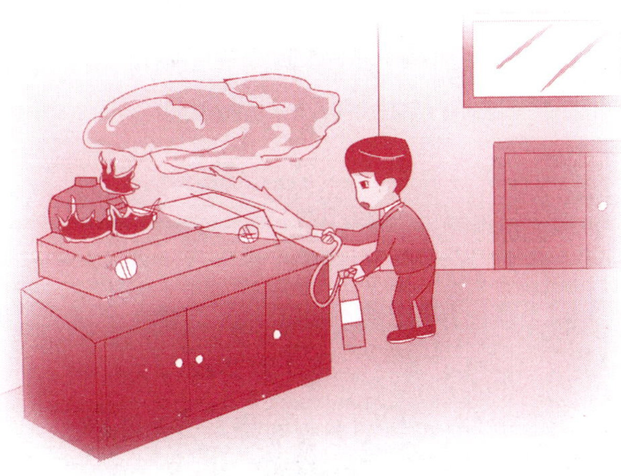

二、家庭火灾逃生意外状况处置

1. 楼梯着火状况处置

楼房着火后，浓烟往往向楼梯间蔓延，楼上的人很容易产生

错觉，以为楼梯已经烧断，没有退路了。其实这时的楼梯往往并未烧断，只要大胆一些，完全可以夺路而出。如楼梯确已被火烧毁，也切莫惊慌失措，应冷静想一想是否有别的楼梯可走，是否可以从房顶转移，是否可借助下水管、竹竿等滑下去，附近有没有可以攀缘的树木等。如确实无法逃出，可在窗口处大声呼救或发出火灾信号，以便附近群众和消防队前来施救。

2. 烟气包围状况处置

火场上，稠密的烟雾常含有各种有毒气体，人若过量吸入，往往会窒息死亡。如果用湿毛巾和布捂住口鼻，仅能过滤烟雾中的细微尘粒，毒气仍然可以通过毛巾和布对人产生伤害。事实上，当烟不太浓时，应弯腰疾走，若烟较浓，则可俯卧爬行，因为贴近地板处的空气层含有的毒气较少。

3. 楼下着火状况处置

（1）勿下楼。火势由初起转到大火，正常情况下只需十几分钟，烟气封堵楼道更快，仅三四分钟而已。所以，待楼上的人闻到焦糊味时，楼道就无法通行了。火灾中的烟气、毒气很浓，可以使人致命。下楼时，虽然可以避开火烧，却无法避开毒气，所以，楼下失火不能下楼。

（2）闭门窗。见到汹涌而来的烟气，最要紧的是紧闭门窗。楼下失火，烟道对烟气的抽拔力很大。若门窗敞着，一部分烟气就会改道进入室内。所以，楼下失火关闭门窗是非常重要的。

（3）勿跳楼。楼房失火，如果在三层以上，不能贸然跳楼。实践表明，在没有任何防护措施的情况下，人从 10 米以上高度往下跳，很少可以生还。与其跳楼而死，不如等待救援。最要紧的是，求援者要向救援者发出求救信号，让对方了解情况，如打电话、打手电、敲东西、扔东西都是很有效的手段。

在等待救援时，如果烟气开始进入房间，应赶紧利用第二道“防线”。人都撤到阳台上，将门窗反关好。若是处于下风，有烟气刮来，可用湿毛巾当口罩堵在嘴上。烟气经过过滤，可以去掉部分毒害，可减轻对人体的危害。

（4）搞自救。如有竹竿，可将其牢牢吊在阳台上。然后抓着它滑下楼去。要是没有竹竿，还可用绳子或将被单撕成条做成绳子，下降自救。

对老、弱、病、残、幼等人员，可用绳子系着他们的腰间将其滑下去。为了防止绳子断开，下降者怀里可抱个枕头或靠背之类的东西，以便“软着陆”。

安全妙语"谨"上添花：

家庭失火不能乱　　火势大小明判断
若能控制先扑救　　失势逃生不能慢

第四节　火灾伤情的紧急救助

一、休克的急救

火场休克是由于严重创伤、烧伤、触电、骨折的剧烈疼痛和大出血等引起的一种威胁伤员生命的严重综合征。虽然有些伤不能直接置人于死地，但如果救治不及时，其引起的严重休克常常可以使人致命。休克的表现是口唇及面色苍白、四肢发凉、脉搏微弱、呼吸加快、出冷汗、表情淡漠、口渴，严重者可出现反应迟钝，甚至神志不清或昏迷，口唇、肢端发绀，四肢冰凉，脉搏摸不清，血压下降，无尿等症状。预防休克和休克急救的主要方法是：

（1）在火场上要尽快地发现和抢救受伤人员，及时、妥善地包扎伤口，减少出血、污染和疼痛。尤其对骨折、大关节伤和大块软组织伤，要及时进行良好的固定。一切外出血都要及时有效地止血。凡确定有内出血的伤员，要迅速送往医院救治。

（2）对急救后的伤员，要安置在安全可靠的地方，让伤员平卧休息，并给予亲切的安慰和照顾，以消除伤员思想上的顾虑。待伤员得到短时间的休息后，尽快送医院治疗。

（3）对有剧烈疼痛的伤员，要服止痛药。也可以耳针止疼，其方法是在受伤相应部位取穴，选配神门、枕、肾上腺、皮质下等穴位。

（4）对没有昏迷或无内脏损伤的伤员，要多次少量给予饮料，如姜汤、米汤、热茶水或淡盐水等。此外，冬季要注意保暖，夏季要注意防暑，有条件时要及时更换潮湿的衣服，使伤员平卧，保持呼吸通畅，必要时还应做人工呼吸。已昏迷的伤员可针刺人中、十宣、内关、涌泉穴以急救。

二、烧伤的急救

在所有灾难事故中，烧伤是一种常见的损伤。火焰、热蒸气、化学物质、毒剂、有毒烟雾等会使事故现场人员皮肤烧伤，火焰、毒剂、蒸气从呼吸道吸入，损伤鼻腔及咽、喉部，也可造成气道甚至肺的损伤（吸入性损伤）。

在火灾事故中，消防队员与抢救人员应互相配合，在灭火与抢救伤员时防止伤员再度负伤和抢救人员被烧伤。伤员脱离火源后，应检查着火或被酸碱液浸过的衣服，并脱去衣服，用清洁的被单或衣服简单包扎保护火焰烧伤创面，防止再次污染和再次损伤。

（1）热液烫伤。要迅速将衣服脱下。必要时用冷水或自来水浸沐伤处。肢体部位烫伤用此法效果比较好，可减轻疼痛，减轻损害。浸沐时间一般为半到一小时，或到不痛为止。

（2）汽油烧伤，应以湿布覆盖。

（3）强碱类烧伤，如苛性碱（氢氧化钾、氢氧化钠）、石灰碱等烧伤的伤员，应采取以下措施：

1）立即用大量清水冲洗干净。在水冲洗前避免使用中和剂，以免产生中和热而加重烧伤。一般在大量水冲洗后不需要用中和剂。

2）若为干石灰所引起的烧伤，应先将石灰粉拭干净后，再用大量清水冲洗，不可将伤部泡在水中，以免石灰遇水生热加重烧伤。

3）在急救时要特别注意眼部的彻底冲洗，然后再涂抗菌油膏。

（4）强酸类烧伤，如硝酸、硫酸、盐酸等烧伤的伤员，应采取如下措施：

1）迅速用大量水冲洗创面，然后再用5%碳酸氢钠溶液中和（石炭酸用酒精中和，因石炭酸不溶于水），中和后再用大量水彻底冲洗。

2）特别注意眼部的冲洗，然后涂抗菌膏每日4次，视需要用阿托品扩大瞳孔。

（5）吸入性烧伤，有呼吸道梗阻时，及时行气管切开术，保持吸吸道畅通。心脏停跳时，及时做胸外心脏按压，恢复心跳。病人有烦躁不安的情况给予镇静、止痛剂。

（6）休克伤员，就地给予抗休克、补充平衡盐溶液后再送医院，这类伤员应由专人专车护送。

三、气体中毒或导致窒息的急救

1. 一氧化碳中毒的急救

火灾烟熏后或在室内使用炉、煤气灶、火墙、炕等，感到头晕、头痛，甚至恶心、呕吐、眼花、胸闷时，应立即打开门窗，或到通风过道门口停留片刻。千万不能以“感冒”等症状来解释头晕、头痛，继续在有一氧化碳存在的环境内活动。由于一氧化碳中毒是在不知不觉中进行，当出现全身瘫软、乏力时，即使意识到中毒，也无能为力起身开门、开窗，因而中毒发生时往往一个家庭的成员均会受到伤害。发现中毒伤员，除迅速打开门窗外，还要将伤员抬到空气新鲜、流通的地方休息，尽量远离火源。同时解开衣服、裤带，放低头部，冬天注意保暖。若伤员呼吸停止，应毫不犹豫地做口对口人工呼吸、胸外心脏按压，以复苏心肺功能。也可采用针刺，掐压人中、十宣等穴位促醒。有条件的立即给氧吸入，以高压氧气为最好。一氧化碳中毒症状较轻的伤员，可喝少量食醋或泡菜水，让其迅速清醒。迅速与医生联系送往医院救治，进行高压氧舱内治疗。

2. 二氧化碳吸入过多的急救

进入火场应戴湿口罩或口含湿毛巾，防止气体对呼吸道的刺激。急性二氧化碳吸入者，必须静卧休息吸氧，即使无症状也应观察 24 小时。同时应预防肺水肿的发生，如口服地塞米松等药物。

除火灾浓烟中含有大量二氧化碳外，平时在菜窖、水果窖、腌菜池、发酵罐、煤窑及货船底舱中均含有大量二氧化碳。发现中毒者，应在通风口送风后抢救者才能进入施救，以免抢救者中毒。将病人置于空气新鲜流通处，立即进行人工呼吸和胸外心脏按压。开始给予小流量吸氧（1 ~ 2 升 / 分），随病人呼吸好转后增大吸氧量（4 ~ 5 升 / 分）。有条件的送至高压氧舱治疗。在现场可采取呼吸兴奋剂交替、联合应用。

3．氰化物中毒的急救

立即脱离火灾现场，呼吸停止者进行人工呼吸和胸外心脏按压。迅速给予亚硝酸异戊酯吸入，用 1 ~ 2 支击碎后倒入手帕或口罩上让中毒者吸入，2 分钟一次，可连续吸入 5 ~ 6 支。有条件时可将 3% 亚硝酸钠 10 ~ 15 毫升加入 50% 葡萄糖 50 毫升中静脉缓注。在冬春季节注意保暖，迅速送医院抢救。

4．窒息的救助措施

口对口人工呼吸，又称口对口吹气法，施行时将伤员置于仰卧位，一手托住其下颌稍用力向上向后仰，以使气道打开。另一手捏其鼻孔。操作者深吸一口气后，对准伤员口部用力吹入，能见到胸廓隆起为有效。每分钟吹气 12 次或 16 次。

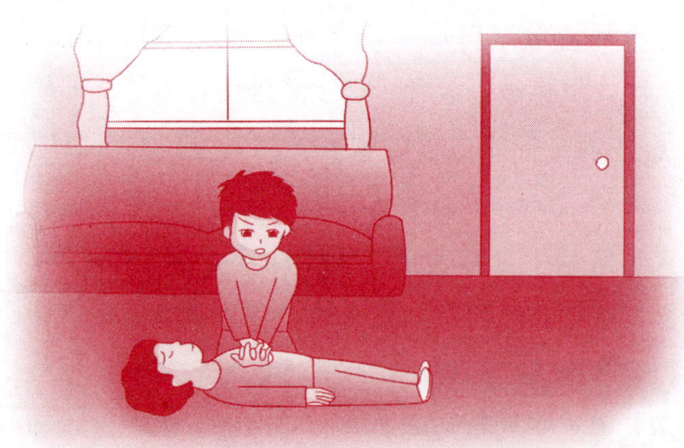

胸外心脏按压，是用人为力量为帮助患者心跳复跳，维持全身血液循环的方法。施行时将伤员仰卧于地上或硬板上，以保证按压效果。操作者双手重叠以掌根放在胸廓正中（胸骨）下 1/2 处，用力向下按压，使胸骨向下 3 ~ 4 厘米后然后放松，如此反复有节律地进行，每分钟按压 60 ~ 80 次。

施行胸外心脏按压时，应注意以下几点：①伤员不宜躺卧在帆布、绳索担架或在钢丝床上，这是因为心脏解剖位置的缘故，达不到按压效果。②切忌按压左胸部，这样不仅压不着心脏，反而可能会折断肋骨，造成更多的损伤。③正确使用按压力量。若患者为小孩则用单手按压，婴幼儿则用一个指头按压。④作心脏按压的同时，应进行人工呼吸，比例 5 ∶ 1，即每进行一次人工口对口吹气，则进行 5 次胸外心脏按压。⑤为检查心跳和呼吸是否恢复，允许操作暂停 5 分钟。若搬运伤员，按压中断时间不超过 30 秒钟。

安全妙语“谨”上添花：

火灾事故易受伤　紧急处理不能忘
危重伤员优先治　针对措施应得当